T0054753

1a edición: septiembre de 2016

© Josep Lluís Picanyol, 2016
© Editorial el Pirata

C/ Consell de Cent, 224-228, 6º 3ª
08011, Barcelona
info@editorialelpirata.com
www.editorialelpirata.com

ISBN: 978-84-944548-6-8
Depósito legal: B 17201-2016
Impreso en IMPULS 45

El papel utilizado en este libro procede de fuentes responsables.
Editorial el Pirata apoya la protección del copyright.
El copyright protege la creación de las obras literarias; por lo tanto, es un elemento importante para estimular la creatividad de los artistas y la creación de conocimiento. Os damos las gracias por respaldar a los autores, al haber comprado una edición autorizada de este libro, y por respetar las leyes del copyright al no reproducir, escanear ni distribuir ninguna parte de esta obra por ningún medio sin permiso. Diríjase a CEDRO (Centro Español de Derechos Reprográficos, www.cedro.org) si necesita fotocopiar o escanear algún fragmento de esta obra.

EL GRAN LIBRO DE LAS

SIETE
DIFERENCIAS

Picanyol

¡Atención!, hay una gran conmoción en el centro de la ciudad. Pero, ¿qué estará pasando? Un grupo de personajes pintorescos lo está alborotando. Pueden aparecer repentinamente en cualquier momento y lugar. La policía, después de estudiar las descripciones que han hecho los ciudadanos, ha declarado que hay que tener cuidado. Parece que entre ellos, ¡hay algunos famosos delincuentes!

SEÑORAS PI Y GÓMEZ

A ellas les gusta decir que son de la Protectora de Animales, pero en la asociación no las conocen de nada. Resulta un poco raro ver a dos señoras como ellas metidas en este fregado. Parece ser que necesitan dinero.

EL ENMASCARADO

Es un enigma; nadie sabe su verdadero nombre. Es atleta y acróbata. Viste de negro para confundirse con la oscuridad de la noche, pero cuando actúa de día llama bastante la atención.

PABLO Y SARA

Estos dos son muy legales. Los conocemos bien porque son amigos nuestros. Unos aventureros honestos, amigos de la verdad, de la justicia y defensores de los indefensos. Si están metidos en esta aventura será por alguna buena razón.

SEÑORA PI · SEÑORA GÓMEZ · DOCTOR T

EL ENMASCARADO

GIRÓ

PABLO · SARA

¿QUÉ TENÉIS QUE HACER?

En cada doble página de este libro, encontraréis dos escenas que parecen iguales pero no lo son; ¡porque entre ellas hay siete diferencias!
Vuestra participación en esta aventura animará a nuestros amigos Pablo y Sara y les ayudará a triunfar. ¡Bienvenidos a la persecución de la oca!

Aunque faltan pruebas que lo verifiquen, la causa de esta perturbación puede ser una oca. ¿Una simple oca? Por fuerza tiene que esconder un gran misterio, una especie de extraño poder capaz de despertar la ambición de esta gente… ¡No os preocupéis! Os iremos informando de lo que vaya pasando. De momento, os podemos proporcionar información sobre quiénes son los supuestos protagonistas de este suceso. Como veréis, con algunos de ellos más vale ir con cuidado.

MISTER DULAS

FLORENTINO

GIORGIO   HERMINIA   ÁLEX

FRITz

EL DOCTOR T

Es un conocido científico, famoso por sus experimentos y también por su total falta de escrúpulos. Últimamente está algo desesperado porque se le acaban los fondos para investigar. Parece como si la oca pudiera ser la solución a todos sus problemas.

MISTER DULAS

Años atrás, cuando era un joven delincuente algo bruto, descubrió que la buena educación y las costumbres refinadas abren muchas puertas. ¡No os fieis! Las gafas oscuras le sirven para ocultar sus intenciones malvadas.

HERMINIA

Para ella la vida consiste en disfrutar del lujo y de las joyas. Hace poco tiempo ha descubierto, horrorizada, que le están empezando a salir arrugas y se está sometiendo a unos tratamientos de belleza carísimos. Necesita dinero.

FLORENTINO

¡Va armado hasta los dientes! Para él, la vida consiste en atacar y defender, atacar y defender. Su casa es inexpugnable, llena de dispositivos de seguridad de todas clases. Él mismo también intenta ser una fortaleza inexpugnable.

GIRÓ Y GIORGIO

Estos dos mafiosos no son unos cualesquiera; ellos solamente se dedican a negocios importantes. Que hoy estén tan activos persiguiendo a una oca significa que no es un animalito cualquiera.

ÁLEX

Este chico no es un delincuente, pero si continúa metiéndose en líos como este, lo acabará siendo. De momento, solo aspira a convertirse en un gran dibujante y a conquistar el corazón de Herminia. Persigue a la oca para regalársela.

FRITZ

Conocido como el hombre del Monóculo, es un delincuente conocido por la policía de todo el mundo. Si os explicáramos su perversa historia os horrorizaríais. Lo dejaremos para otra ocasión.

LA CAFETERÍA
DEL CENTRO

La alocada persecución de la oca ha roto la calma de la ciudad. Quienes la persiguen han entrado por la puerta principal de la cafetería y, después de cruzar rápidamente el local, han salido por la de atrás.

El Doctor T agarra bien a la oca con expresión de triunfo. Cuando ha llegado la policía para poner fin al desenfreno, ya no estaban allí.

Es un hotel, elegante y cosmopolita, donde se alojan los personajes más importantes que visitan la ciudad. Por eso, espías de todo tipo merodean por allí para apoderarse de sus secretos.

¡El Doctor T ha perdido a la oca! Se la ha quitado Álex, que corre hacia el ascensor. ¡Pero es imposible que quepan todos dentro!

EL CÍRCULO ARTÍSTICO

La modelo, que hoy se ha vestido de abeja, es capaz de mantenerse completamente inmóvil, pase lo que pase, durante toda la sesión.

A pesar del revuelo que ha provocado la persecución, los artistas están concentrados en su obra. Bueno, de hecho, algunos de ellos están empezando a perder la paciencia… Ahora, Fritz se ha adueñado de la oca.

EL MUSEO DE ARTE

Nuestros personajes ni siquiera se fijan en las magníficas pinturas
de la pinacoteca; su único objetivo es apoderarse de la oca.

Giró y Giorgio le han quitado la oca a Fritz y harán todo lo posible
para conservarla. ¡Los policías los siguen de cerca! En este momento
acaban de entrar en el edificio de al lado, el Círculo Artístico.

LA COCINA DEL HOTEL CENTRAL

SANDWICHES

Después de pasar por unos patios interiores, la persecución ha vuelto al Hotel Central, pero esta vez, a la cocina: ¡un lugar peligroso para la oca! De momento, los cocineros procuran expulsar a los invasores con esmero.

¿No os parece extraordinario que las señoras Pi y Gómez hayan conseguido arrebatar la oca a los peligrosos gánsteres? ¿Cómo lo habrán logrado?

LA LLEGADA
DEL NÁUFRAGO

La noticia del día es la llegada de un náufrago rescatado por el buque Robinson Crusoe. La persecución de la oca parece que no ha estropeado la bienvenida. ¡Herminia ha aprovechado la confusión para afianzarse la oca!

Cerca de aquí, la policía está interrogando a los cocineros del Hotel Central, que dan informaciones contradictorias mientras invitan a los agentes a degustar los platos del día.

EL GRAN TEATRO

El público espera que empiece la segunda parte del musical *Los miserables*, mientras un drama real acontece en el patio de butacas.

Los perseguidores de la oca han entrado creando confusión y, además, ¡sin comprar entradas! El director del teatro está llamando a la policía. El Enmascarado lleva la oca y, por vez primera, Pablo y Sara se acercan al objetivo.

¡CARAY, QUÉ VECINDARIO!

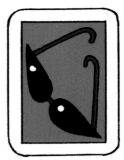

No son los del musical que veía el público del Gran Teatro, pero las suyas también son historias de supervivencia.

Mister Dulas le ha quitado la oca al Enmascarado. La policía aún no ha conseguido atrapar lo que parece una carrera por hacerse con la oca. ¿Será por aquello de que «los hijos de las tinieblas son más rápidos»?

FUEGO EN EL EDIFICIO

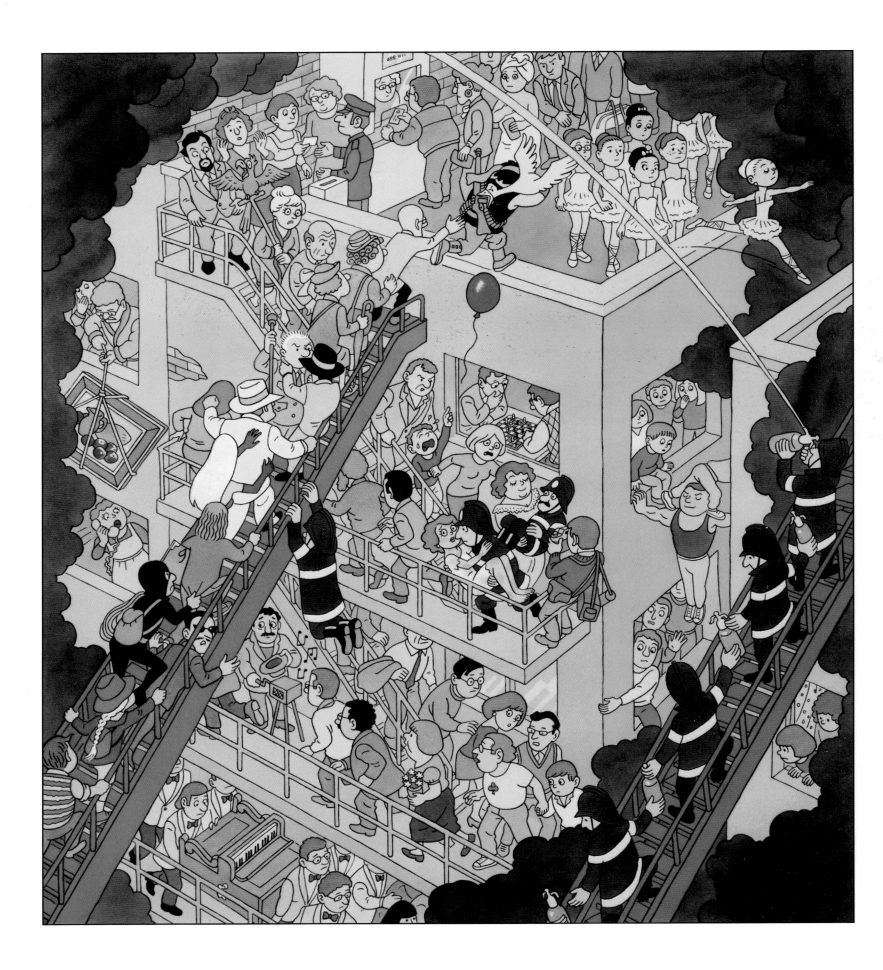

Esta aventura está dejando extenuados a nuestros personajes, que han ido a parar a una calle cortada por los bomberos. Si no fueran tan insensatos, hace rato que deberían haber abandonado la persecución.

¡Atención! Florentino se ha apoderado de la oca y no ha dudado en intentar escaparse por la escalera de los bomberos. Eso sí, lo persiguen de cerca…

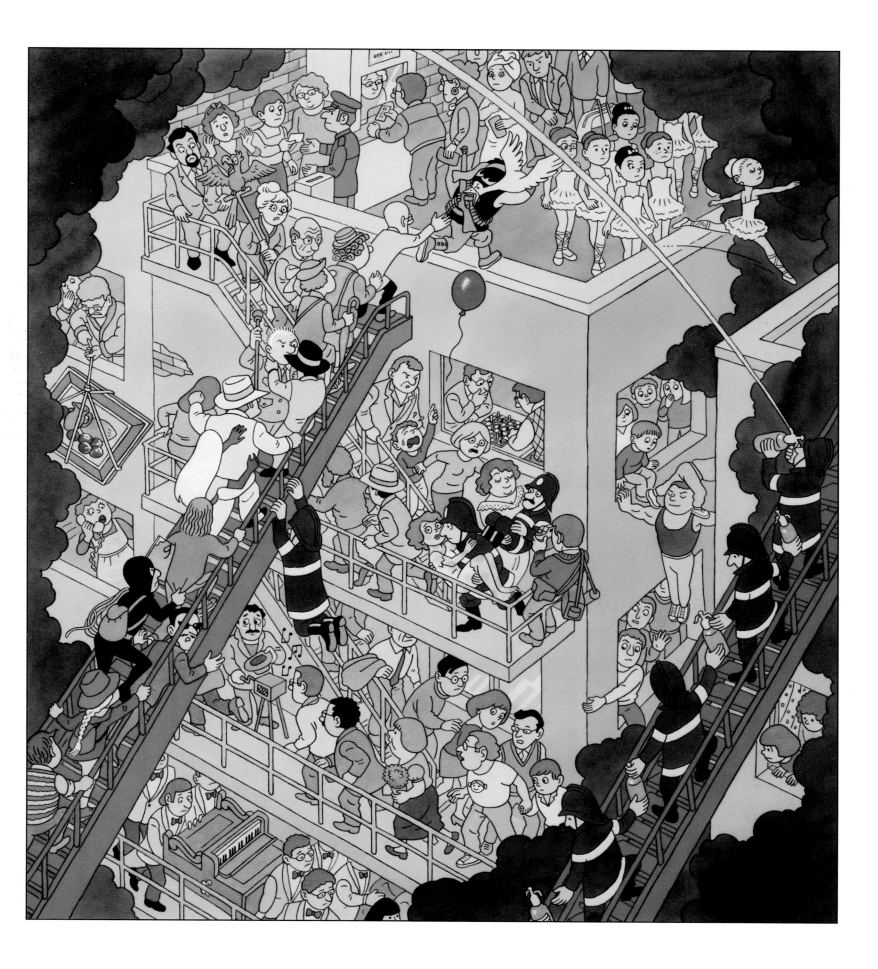

Aquí todo el mundo corre o rema. Los perseguidores han terminado en una situación más bien ridícula, dando vueltas sin parar mientras la oca se aleja de ellos en brazos de Pablo y Sara.

En estos momentos, la dirección del Museo Geológico ha emitido un comunicado anunciando que ha desaparecido un diamante de su colección y también la oca del jardín. ¿Te imaginas ahora por qué la persiguen?

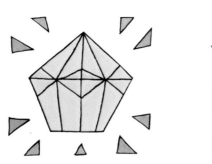

LA CLÍNICA GALENO

Pablo y Sara han hecho lo mejor que podían hacer: llevar a la oca directamente a la clínica. La operación ha sido un éxito y los médicos le han extraído el diamante que se había tragado.

Tantas aventuras han dejado bien magullados a nuestros conocidos granujas y ahora esperan atención médica. Pablo y Sara aún se ven capaces de devolver a la oca y el diamante a los del museo. ¡Esta vez por separado, claro está!

SOLUCIONES

01. LA CAFETERÍA DEL CENTRO

02. EL HOTEL CENTRAL

03. EL CÍRCULO ARTÍSTICO

04. EL MUSEO DE ARTE

05. LA COCINA DEL HOTEL CENTRAL

06. LA LLEGADA DEL NÁUFRAGO

03. EL CÍRCULO ARTÍSTICO

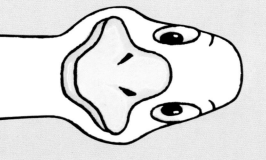